Dans la même collection

SUJETS DE SOCIÉTÉ

Depuis que mon père est au chômage
Cannabis, mieux vaut être informé
Mais pourquoi tant d'interdits ?
Pourquoi la cigarette vous tente ?
Pourquoi le 11 septembre 2001 ?
À la fois française et musulmane
Non au racket !
Notre histoire à nous, les filles
Chacun son look
La violence en direct
Vous y croyez, vous, en Dieu ?
La drogue, vous êtes tous concernés
Touche pas à mon corps
Fan Mania
La mort, pourquoi on en parle pas !
Sauvons la planète
Génération ordinateur
C'est quoi le spiritisme ?
Pourquoi tant d'injustice ?

ÉTUDES

Redoubler et alors ?
Les devoirs à quoi ça sert ?
Pas envie d'aller à l'école
Comment naissent les livres ?
Collège, mode d'emploi
On n'est pas des nuls !
Prêts pour la sixième !
J'apprends à travailler
Les années lycée…
Des ados en Europe
Je ne sais pas quoi lire !
Nous on n'aime pas lire…
Tout ce que vous pensez des profs…

MOI

La confiance en soi, ça se cultive
Les pourquoi des ados
C'est vraiment comme ça les filles ?
C'est vraiment comme ça les garçons ?
60 questions autour de la puberté
J'ose pas dire non !
Marre de mes kilos en trop
J'en ai assez de mon physique !
Je suis trop timide…
Et si la joie était là ?
Vous vous sentez seul…
Je ne sais pas qui je suis…
Tu t'es vu quand tu triches ?
Nous, les 11-15 ans
Ado Blues…
Nous les filles…
C'est pas facile de grandir !
Réveillez-vous les mecs !
J'écris mon journal intime
Jamais jaloux, vous ?

AMOUR ET AMITIÉ

Questions intimes de filles
Le Zizi, questions et réponses
Le Grand Amour
Le coup de foudre, ça existe ?
L'amitié c'est sacré !
Pas si facile d'aimer
La sexualité expliquée aux ados
Un copain pas comme les autres…
Des mots pour dire…

FAMILLE

Jumeaux, mais pas clones
Une mère, comment ça aime ?
Famille recomposée : comment trouver sa place ?
Mon père me manque
Un père, c'est pour la vie
Frères et sœurs, pour la vie ?
Les miens aussi ils divorcent !
On n'est plus des bébés

Découvrez aussi le spécial Oxygène de 256 pages, intitulé :
Un grand bol d'Oxygène, 160 questions strictement réservées aux ados
pour retrouver des éléments de réponse
à un grand nombre de questions que vous vous posez.

Le zizi questions et réponses

À Sacha,
À Cédric, Paul, Jules et Eliott

Remerciements
Tous mes remerciements aux docteurs Sylvie Labouré, chirurgien infantile, Pascale Berlier, pédiatre endocrinologue et Michel Beaugé, andrologue-sexologue pour avoir accepté de partager leurs savoirs, ainsi qu'aux hommes qui ont accepté de me faire part de leurs expériences.

Le zizi questions et réponses

Sylvie Sargueil-Chouery
Illustré par Rif

De La Martinière
Jeunesse

SOMMAIRE

...ET VOICI UNE BLAGUE DE BLONDES! ...
SORS-LUI LA BLAGUE DES P'TITS ZIZIS!

ÇA Y EST, C'EST L'ANGOISSE !

Les filles ont une longueur d'avance et cela se voit, elles sont nombreuses à avoir poussé comme des champignons avec des seins en plus. Elles vous regardent d'en haut tandis que vous guettez avec anxiété les transformations qui vous mettront à niveau. Heureusement, vous observez un léger raccourcissement des manches et des bas de pantalon, de bon augure. Mais rien n'est gagné, les bouleversements qui feront de vous un homme vont prendre du temps et n'iront pas sans d'intenses et nombreux questionnements.

Votre angoisse fondamentale, c'est de devenir un homme « normal ». Vous redoutez que votre sexe n'ait ni la bonne taille, ni la forme

adéquate ; qu'il ne soit pas aussi performant qu'il le devrait. En somme, vous doutez de ce qui vous différencie des filles : votre virilité.
À qui poser les questions, souvent très pratiques, qui vous turlupinent? À vos parents? Pas évident!
Les mamans ont généralement pris l'habitude d'expliquer à leurs filles ce qui se passe dans leur corps au moment de la puberté. Mais côté papas, ce n'est pas gagné. D'abord ils n'y pensent pas forcément et puis, même quand c'est le cas, souvent ils n'osent pas. On ne parle pas « zizi » à la maison, preuve que le sujet reste tabou. Entre copains, c'est encore pire, on plaisante mais on se confie rarement ses angoisses.

Pour que vous cessiez d'être seul face à ce manque d'informations, j'ai tenté de réunir dans ce livre le maximum de questions que vous vous posez et d'y répondre.
Et cela n'a pas été facile car si tous les jeunes garçons ont à peu près les mêmes inquiétudes, rares sont ceux qui acceptent d'en parler. Je me suis donc essentiellement adressée à des hommes adultes qui ont accepté (pas tous !) de me livrer une partie de leurs souvenirs d'adolescence et des questions qui hantaient leur esprit à cette époque. Je les en remercie beaucoup car même parvenu à l'âge adulte, il n'est jamais facile de parler de son intimité.
Pourtant vous vous êtes tous posé cette question : un zizi pour quoi faire ? Pipi debout ! Extra, mais ce n'est pas tout !
Deuxième atout non négligeable : on peut faire avec des choses agréables. Une qualité que vous avez d'ailleurs découverte seul depuis longtemps en vous caressant le zizi. En cachette, bien sûr !

Pas parce que c'est honteux (tout le monde le fait), mais par pudeur, parce que votre vie intime ne regarde que vous.
Au fur et à mesure que votre corps se transforme cette envie de vous procurer du plaisir en caressant votre sexe augmente et c'est tout à fait normal. On appelle cela la masturbation, le « plaisir solitaire » ou, plus scientifiquement, l'onanisme. C'est ainsi que commence la sexualité. Et cela n'arrive pas par hasard. Cette sexualité solitaire joue plusieurs rôles. Elle apaise les tensions physiques et les angoisses. Elle vous permet de mieux connaître votre corps qui se transforme et la façon dont il fonctionne. C'est une sorte d'entraînement qui vous prépare à votre sexualité future, et à savoir non seulement prendre du plaisir mais aussi en donner.
Puis un jour, probablement, à avoir un enfant. Et voilà le zizi dans son troisième rôle : celui qui fera de vous un papa. Car en fin de compte, le sexe est l'organe de la reproduction…

LA PRÉSENTATION DU ZIZI

Anatomie du zizi : schéma et explications pour comprendre qui est qui et qui fait quoi...

– Le **pubis** : au départ, en langage anatomique, le mot pubis désigne les parties osseuses qui ferment le bassin en avant. Par extension, dans le langage courant, on appelle aussi pubis la région qui se situe au niveau de ces os et sur laquelle poussent les poils (dits « poils pubiens »!).

– La **verge** ou **pénis** : organe sexuel masculin.

– Le **gland** : extrémité renflée de la verge.

– Les **testicules** : glandes génitales mâles.

– Le **scrotum** ou les **bourses** : sorte de sac contenant les testicules.

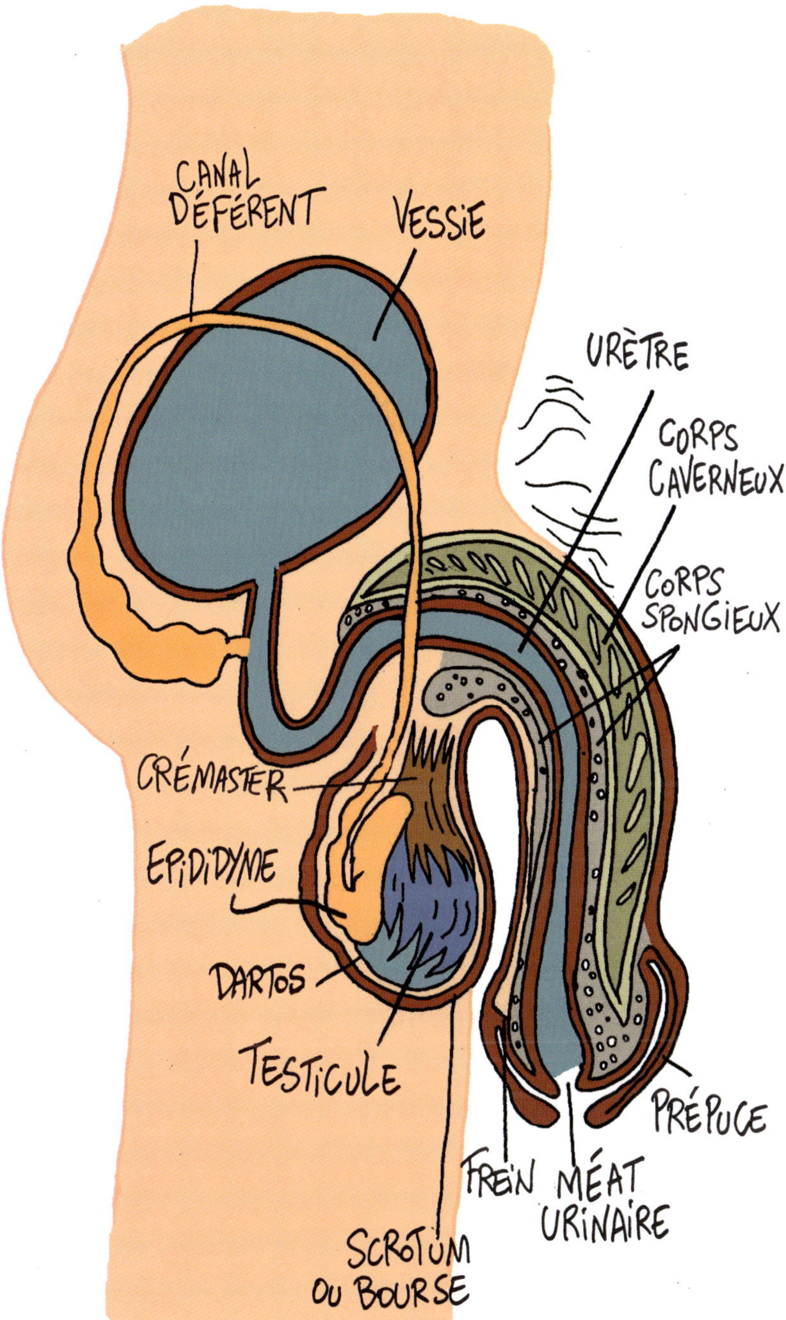

CANAL DÉFÉRENT
VESSIE
URÈTRE
CORPS CAVERNEUX
CORPS SPONGIEUX
CRÉMASTER
EPIDIDYME
DARTOS
TESTICULE
PRÉPUCE
FREIN
MÉAT URINAIRE
SCROTUM OU BOURSE

À L'INTÉRIEUR DE LA VERGE, on distingue :

– les corps érectiles : deux **corps caverneux** (composés de sortes de petites cavernes) et un **corps spongieux** (à la consistance d'éponge). Tous deux ont pour caractéristique d'être vides et donc, petits et mous, quand la verge est au repos et de se gonfler de sang au moment de l'érection.

– l'**urètre** qui est un fin conduit central, par lequel s'écoulent l'urine et le sperme. Il se termine au niveau du gland par un orifice appelé **méat urétral** (ou encore « méat urinaire »).

À l'extérieur, la verge est recouverte de peau et se termine par le **prépuce**, une peau recouvrant le gland. À l'intérieur, au contact du gland, le prépuce est une muqueuse (membrane qui ressemble à l'intérieur des joues). Le prépuce est fixé au gland par une bride de peau située à la partie inférieure de la verge, le **frein**. C'est un tissu fibreux, rigide, situé sous le gland et rattaché au prépuce, qui aide à ramener le prépuce sur le gland.

À L'INTÉRIEUR DU SCROTUM :

- les testicules sont protégés par des enveloppes, et par un muscle appelé **crémaster** qui entoure le testicule, ainsi qu'une fine membrane musculaire située sous la peau des bourses, appelé dartos. Nous verrons plus tard qu'ils se manifestent concrètement dans votre quotidien. En effet, le muscle crémaster est capable d'élever le testicule et le **dartos**, de resserrer la peau des bourses.

- au-dessus de chaque testicule, un petit organe, l'**épididyme**, prolongé par le **canal déférent**, par où passent les spermatozoïdes. Ce canal relie chaque testicule à l'intérieur du ventre. Il contient des vaisseaux sanguins (artères et veines spermatiques) et des nerfs.

01 Taille et forme du zizi

« Je me souviens de séances individuelles de mesures, on sortait le double décimètre et après on faisait des comparaisons avec les copains. Souvent, on trichait un peu, pour faire plus viril, on en rajoutait en débutant la mesure le plus bas possible, près des bourses ! »

Pierre-Yves, 41 ans.

Qu'est-ce qui fait que le zizi se transforme ?

Responsable : la puberté. C'est une étape programmée, obligatoire, de votre développement physique, la dernière avant l'âge adulte. Jusque-là vous avez grandi tranquillement, sans trop changer d'aspect et sans vous en soucier vraiment. Puis tout d'un coup, la puberté démarre et c'est comme une sorte de coup d'accélérateur biologique. En deux à cinq ans maximum, vous allez changer plus qu'au cours des dix années précédentes. Vous allez grandir, voir vos organes sexuels se modifier, vos muscles se renforcer, des poils pousser et enfin, votre voix devenir plus grave.

C'est une petite glande, cachée à la base de votre cerveau, l'hypophyse, qui donne le top départ. Elle envoie dans votre sang des messagers chimiques qui vont jusqu'aux testicules leur donner l'ordre de fabriquer des molécules spéciales, les hormones sexuelles. Les testicules produisent alors beaucoup de testostérone, qui est l'hormone mâle, et un peu d'estradiol, une hormone féminine (car nous avons tous en nous un mélange de masculin et de féminin). Ce sont ces hormones qui orchestrent les modifications physiques, décidant de la croissance et de la taille de votre verge, par exemple.

COMME UNE GROSSE OLIVE

Pour vérifier que la puberté a bien démarré, les médecins peuvent utiliser une sorte de boulier, savamment appelé « orchidomètre », qui permet d'évaluer la taille des testicules en volume (en millilitres). Cela ressemble à un collier dont les perles de bois sont ovoïdes, comme les testicules, et de taille progressivement croissante. La plus petite de ces perles a l'aspect d'une petite olive (2 ml) et la plus grosse, celle d'un petit œuf de poule (25 ml). Entre les deux, il y a pratiquement toutes les tailles possibles de testicules de l'enfance à l'âge adulte.
Le médecin compare les testicules aux perles. Il peut affirmer que la puberté est bien en route quand les testicules ont une taille au moins égale à celle d'une olive de 4 ml. Ensuite, ils vont grossir progressivement jusqu'à, au maximum, 25 ml (mais il n'y a pas vraiment de taille standard).
Si vous voulez vous rassurer, c'est un peu moins précis, mais vous pouvez aussi mesurer vous-même vos testicules au double décimètre. Le début de la puberté correspond à une longueur de 25 millimètres (et 4 ml). À l'âge adulte, la longueur est d'au moins 35 mm et la largeur (au milieu) 25 mm.

01

J'ai treize ans et mon pénis est encore petit.

En ce qui concerne la puberté, les êtres humains sont un peu comme les plantes, il y a les « précoces » qui fleurissent tôt dans la saison et les « tardifs »... disons que globalement, dans 95 % des cas, le processus de transformation physique s'enclenche entre l'âge de dix ans et celui de quatorze ans. À l'âge de treize ans, certains d'entre vous ont encore un sexe de petit garçon, alors que d'autres ont déjà un sexe de taille adulte. Cela veut dire qu'en moyenne la longueur au repos d'un zizi de treize ans peut varier de quatre à cinq centimètres (pour les plus petits) à huit à douze centimètres (pour les plus grands, ce qui correspond à la taille moyenne d'un zizi d'adulte).

Au début de la puberté, seuls les testicules prennent un peu de volume mais il faut presque une loupe pour voir quelque chose.
Puis, au bout de six mois environ, apparaissent les premiers poils sur le pubis et au creux des aisselles.
Enfin, très progressivement, la verge commence à changer d'aspect, sa couleur fonce, elle s'allonge et s'épaissit.
Il est courant de n'avoir un sexe de taille adulte qu'entre seize et dix-huit ans, car tout le monde ne se transforme pas à la même allure. Selon les garçons, il faut trois, quatre, voire cinq ans pour effec-

tuer la totalité des transformations. Imaginez que vous débutiez votre puberté tard, aux alentours de treize ou quatorze ans, et que vous soyez un peu lent à la terminer, vous n'aurez peut-être votre sexe définitif que vers dix-sept ou dix-huit ans.
Parfois, très rarement, des raisons médicales retardent la puberté. Dans ce cas-là, un traitement hormonal est nécessaire et tout rentre dans l'ordre. À condition d'en faire le diagnostic. C'est pourquoi il est recommandé, à partir de l'âge de quatorze ans, si vos testicules n'ont pas du tout augmenté de volume, de consulter un médecin pour vérifier par des dosages d'hormones que votre développement se déroule normalement.

Mon sexe est petit par rapport à celui de mes copains.

Il est tentant de comparer la taille de son sexe avec celui des copains et tous les garçons le font, mais cela n'a pas vraiment de sens.
D'une part, parce qu'à votre âge tout le monde n'a pas son zizi définitif. D'autre part, parce que vous ne voyez pas le sexe des autres en érection ; or, souvent les petits zizis s'allongent plus que les grands. Et si le vôtre est plus petit que celui de votre copain au repos, rien ne dit que c'est le cas en érection. Il peut être aussi long et même plus.
Par ailleurs, les testicules et la verge ont tendance à se rétracter quand on vient de courir ou de faire du sport. Dans les vestiaires, ils n'ont donc pas toujours la même taille qu'au repos complet.

Pourquoi a-t-on le zizi qui rétrécit dans l'eau froide ?

Dartos ! Ce nom sonne comme celui d'un mousquetaire mais en réalité il s'agit d'un muscle, très fin, caché sous la peau des bourses et qui se prolonge au niveau de la verge (cf. schéma p. 15).

Comme tous les muscles, il a la propriété de se contracter lors de certaines stimulations, en particulier au froid. Et quand le dartos se contracte, le zizi rétrécit et les bourses deviennent toutes fripées, recroquevillées sur des testicules « collés » au plafond pour l'occasion. Dès que la température ambiante devient plus clémente, le dartos se décontracte.

La contraction permet de limiter la zone au contact du froid, car vos testicules sont sensibles aux variations de température, cette contraction les rapproche de la chaleur du ventre. Comme la nature fait rarement les choses au hasard, on peut penser que cela évite aux testicules de trop se refroidir. Par contre, quand il fait trop chaud, en cas de fièvre par exemple, vos testicules ont tendance à s'éloigner de la source de chaleur de votre ventre, en descendant un peu plus bas.

Par ailleurs, il est probable que le fait de rétracter les bourses au moment de la course permette de protéger les testicules qui tiennent bien en place au lieu de se balader.

La taille définitive du sexe est-elle en rapport avec la taille de l'homme ?

Pas du tout! On voit des grands avec de petits zizis, des petits avec de grands zizis et toutes les variantes possibles dans la gamme des tailles adultes en hauteur et en calibre de sexe. Enfin, même à l'âge adulte, la taille du sexe n'est importante que dans la tête des hommes.

Est-ce qu'on est plus viril quand on a un plus gros sexe ?

La plupart des hommes pensent que de la taille de leur sexe dépend leur capacité de bien faire l'amour et éventuellement d'avoir des enfants. Derrière cette pensée se cache l'idée que si l'on n'a pas un gros pénis, on n'est pas vraiment un homme. Mais tout ça, c'est archifaux ! Ce sont de vieilles idées reçues, entretenues par les films pornographiques qui montrent toujours des hommes avec des sexes énormes et même hors normes. Cette vision des choses sort tout droit de l'imaginaire masculin car les filles ne recherchent pas particulièrement les garçons à gros zizi. Ces hommes-là ne sont pas de meilleurs amants que les autres. Rendre une femme heureuse en faisant l'amour dépend d'autre chose : de l'amour, de la tendresse, de la douceur… et du savoir-faire que vous acquerrez au fil du temps.

Il est également prouvé que les hommes avec un petit zizi n'ont pas plus de mal à avoir des enfants que ceux qui en ont un grand.

DES SYNONYMES À LA PELLE

Il existe des centaines de mots pour désigner les attributs virils. En voici un tout petit échantillon :
– enfantin : zizi, zézette, quéquette, zigounette, petit oiseau…
– correct, voire scientifique : verge, pénis, phallus…
– vulgaire mais usuel : bite, zob, pine, zgeg…
– passé de mode : vit, membre viril, braquemard (qui ne veut pas dire simplement pénis, mais énorme pénis)…
– imagé et volontiers culinaire : queue, poireau, nouille, nem…
– moderne : joystick.

Hélas ! bien des hommes s'entêtent à l'ignorer et leurs complexes font la fortune de certains chirurgiens esthétiques qui proposent à présent des opérations d'« allongement » du sexe.

Est-ce que tous les sexes ont la même forme ?

Approximativement, oui, mais pas tout à fait. Et d'ailleurs, pourquoi auriez-vous des yeux, un nez, des oreilles, des mains… reconnaissables parce qu'ils n'appartiennent qu'à vous, et tous le même

sexe ? Ce ne serait pas logique. Il y en a des fins et des trapus et leurs glands sont un peu différents, plutôt en forme de cône ou de petit œuf.
Et pour « pigmenter » un peu l'affaire, il y a aussi des variations de couleur, il y a des sexes plus ou moins foncés, même lorsqu'on est blanc de peau. Les hasards de la génétique…

J'ai une grosse veine bleue sur le dessus de mon zizi.

C'est normal ! Le pénis est un organe riche en vaisseaux sanguins et sa peau est fine. On distingue facilement des veines à la surface, en particulier une très volumineuse, appelée veine « dorsale superficielle », située juste sous la peau et visible (de façon plus ou moins accentuée) chez tous les hommes, au repos ou en érection.

J'ai des petits boutons tout autour de la base du gland.

Ce ne sont pas des boutons mais de petites glandes. Elles apparaissent à la puberté et sont plus ou moins visibles. Elles persistent à l'âge adulte. Ces glandes sont là pour lubrifier votre gland afin que le fourreau du prépuce glisse bien. Elles fabriquent pour cela une substance un peu crémeuse d'aspect, appelée « smegma ». Ce smegma forme parfois de petits amas pris, à tort, pour de la saleté. Votre gland doit être nettoyé lors de la douche pour éviter la macération et les mauvaises odeurs.

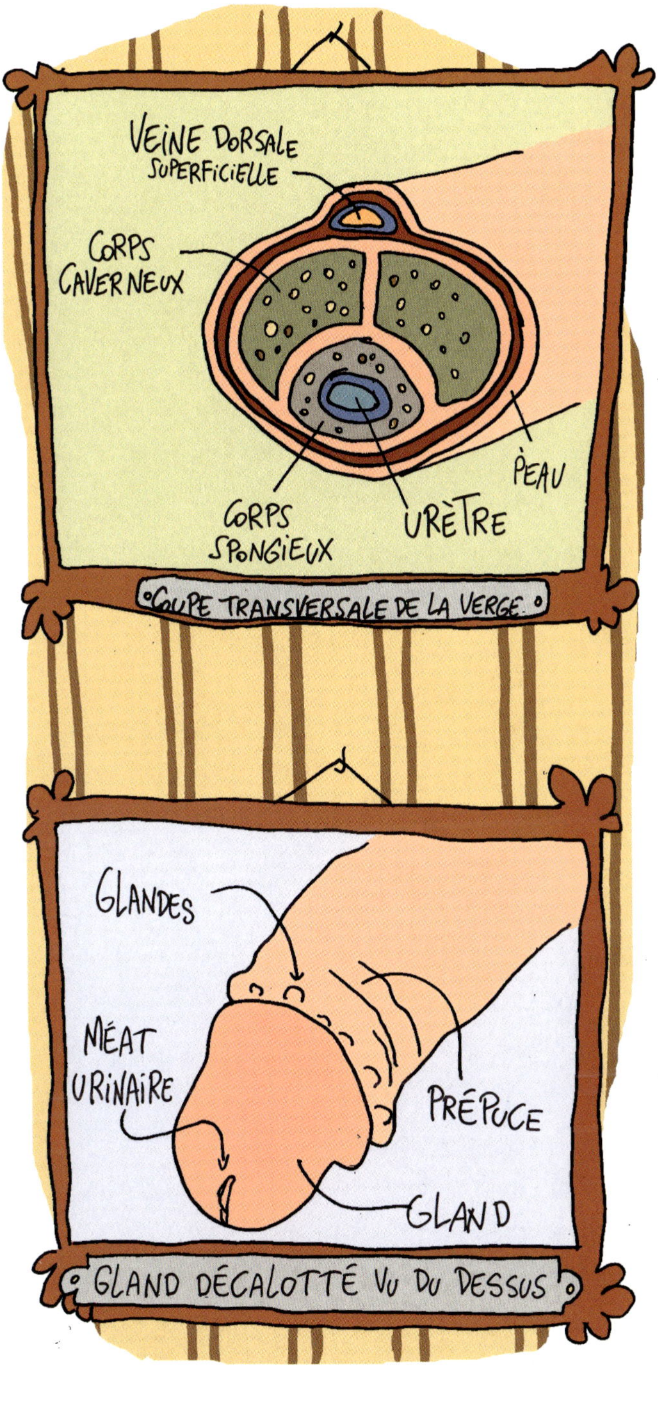
VEINE DORSALE SUPERFICIELLE
CORPS CAVERNEUX
PEAU
CORPS SPONGIEUX
URÈTRE
COUPE TRANSVERSALE DE LA VERGE
GLANDES
MÉAT URINAIRE
PRÉPUCE
GLAND
GLAND DÉCALOTTÉ VU DU DESSUS

02 Érection et éjaculation

Quand je pense à Fernande
Je bande, je bande
Quand j' pense à Félicie
Je bande aussi
Quand j' pense à Léonore
Mon Dieu je bande encore
Mais quand j' pense à Lulu
Là, je ne bande plus
La bandaison papa
Ça n'se commande pas

Georges Brassens,
dans l'un de ses titres phares, *Fernande*

À quoi ça sert de bander ?

Il est probable que l'« idée » de départ ait été de concevoir un organe assez performant pour aller déposer des « graines à bébé » bien au chaud à l'intérieur d'une future maman. Or pour cela, il faut une sorte de plantoir à spermatozoïdes, assez rigide. Mais d'un autre côté, il fallait que cet outil soit facile à vivre, car un sexe toujours au garde-à-vous serait assez gênant et même sûrement un peu désagréable et d'ailleurs pour faire pipi… je vous laisse imaginer.

Alors voilà ce que la nature a fait pour vous, un instrument télescopique utile et agréable, extrêmement sophistiqué, très pratique à ranger. Et lorsqu'il s'agira de faire l'amour, il se gonflera jusqu'à la rigidité nécessaire à l'accomplissement de sa « mission ».

Qu'est-ce qui se passe à l'intérieur pour que mon sexe devienne dur ?

En matière de sexualité, le zizi ne décide rien. Il dépend de deux centres de commande, la moelle épinière qui gère les érections réflexes et le cerveau qui commande les érections liées aux émotions. Ce sont des hormones (sortes de messagers chimiques) qui transmettent les ordres de ces centres à votre verge.

Elle se gonfle et se tend, progressivement, comme un de ces ballons allongés que l'on voit parfois dans les fêtes foraines. Mais ici, ce n'est pas de l'air qui produit ce gonflement, c'est du sang. Parce que votre zizi est composé de tissus mous et de nombreux « trous » prêts à se remplir pour augmenter de volume. On les appelle les « corps spongieux et caverneux ». Le sang est acheminé dans ces tissus par des vaisseaux sanguins. Au repos, ces vaisseaux sont fermés par des fibres musculaires, contractées, qui serrent comme des élastiques. Au moment de l'érection, ces vaisseaux s'ouvrent comme des canaux d'irrigation, inondant les corps spongieux et caverneux qui gonflent, gonflent… jusqu'à ce que la verge soit tendue et dure.

Quand je bande, j'ai le zizi tordu.

Rassurez-vous, vous n'êtes pas le seul dans ce cas. En réalité, un zizi est rarement tout à fait droit. Il y a les petites courbures qui s'effacent en érection et à l'inverse, celles qui se révèlent quand vous bandez. La verge se courbe vers le bas, vers la droite ou vers la gauche.

Généralement, la courbure est discrète et ne gêne en rien l'érection. Il s'agit alors juste d'un problème « esthétique » dont vous resterez probablement le seul à vous préoccuper.
D'ailleurs, les déviations sur le côté sont toujours sans conséquences. Ce qui n'est pas toujours le cas de la déviation vers le bas qui peut être importante et risque de devenir gênante au moment des relations sexuelles. Ce problème est rare et lié à une anomalie de naissance. Dans ce cas, lorsque le zizi se gonfle de sang au moment de l'érection, il ne peut pas se déployer dans toute sa longueur et se tend comme un arc, courbé vers le bas. Si c'est votre cas, vous aurez besoin des services d'un chirurgien pour que tout rentre dans l'ordre. Mais aujourd'hui, le plus souvent, ce problème est repéré dans la petite enfance par les pédiatres et à votre âge le traitement a déjà été effectué.

« Moi, quand j'avais douze ou treize ans, j'avais le zizi tordu. Je ne pissais pas droit. Pour tout dire, je pissais même carrément à gauche. J'ai pensé que c'était parce que je le coinçais toujours du même côté dans mon pantalon. Alors j'ai alterné, et c'était ça... Ça s'est arrangé. »

Pierre-Yves, 41 ans.

Pourquoi on a le sexe dur quand on se réveille le matin ?

Les très fréquentes érections de la nuit ou du matin au réveil n'ont rien à voir avec le désir sexuel, ça c'est sûr. En revanche, quant à pourquoi les hommes bandent la nuit et le matin, cela reste une question mal élucidée. D'après certains spécialistes du sommeil, les érections nocturnes seraient liées au relâchement musculaire total qui survient durant certaines phases de sommeil profond. En effet, la plupart du temps, les vaisseaux qui amènent le sang dans votre verge au moment de l'érection, sont fermés par des contractions musculaires. Lorsque vous dormez, ces muscles, comme tous les autres, doivent logiquement se relâcher. Le sang affluerait alors spontanément dans la verge, expliquant le fait que vous bandez sans même vous en rendre compte. En ce qui concerne les érections au réveil, les explications sont assez floues et contradictoires. On entend parfois, dire que les érections matinales sont dues à la vessie qui est pleine, mais d'après les urologues, cela n'aurait rien à voir.

Est-ce que c'est normal de bander sans le vouloir n'importe quand ?

02

Tout à fait normal... et parfois gênant ! Tour d'horizon des érections plus ou moins contrôlables. Il y a celles qui surviennent vraiment n'importe quand et sans raison, totalement incontrôlables. On les appelle érections réflexes. Elles sont très fréquentes à l'adolescence et diminuent ensuite. En effet, elles sont liées à des augmentations brutales de testostérone (hormone mâle) dans votre sang comme il en existe fréquemment à la puberté. Rassurez-vous, bientôt ces sécrétions hormonales vont se stabiliser. En attendant, il vous faut assumer ces « érections surprises ».

Et puis, il y a les « érections émotions », pas vraiment sous contrôle au début mais apprivoisables à la longue. Elles sont en rapport avec une vision, une sensation, un sentiment agréable… le sourire d'une fille qui vous plaît, le frôlement de sa peau, l'odeur de son parfum… un rêve plus ou moins érotique, la vision de femmes en sous-vêtements ou nues sur des magazines ou dans des films.
C'est la naissance du désir…

Comment contrôler ses érections ?

Il n'y a pas de technique miracle. Il semble bien que vous n'ayez pas d'autre choix que d'attendre que cela se calme. Certains parviennent à se contrôler un peu par la concentration avec des formules du genre « Je respire profondément, je me détends », et surtout en pensant très fort à un truc qui fait débander, les devoirs qui restent à faire, par exemple.
En attendant que cela passe, le problème est de cacher « l'affaire ». Dans certaines situations, c'est vraiment délicat – si cela vous arrive à la piscine, par exemple. Selon l'endroit où vous vous trouvez à ce moment-là, on risque de vous voir brusquement plonger dans l'eau froide ou bien rester assis, serviette autour de la taille, en prétextant que vous n'avez pas envie de nager tout de suite, ou encore vous allonger sur le ventre en vantant les mérites de la sieste au bord de la piscine.
Avec le temps, vos sécrétions de testostérone vont se stabiliser et ces érections impromptues deviendront plus rares.

RESPIRER
SE DÉTENDRE
NE PAS B...

PHIMOSIS ET MALADIE

Certaines maladies de peau comme le psoriasis ou certaines maladies générales comme le diabète peuvent être responsables de véritables phimosis à traiter médicalement ou chirurgicalement, mais il s'agit pratiquement toujours d'adultes, le cas est rarissime chez des jeunes de votre âge.

Je ne peux pas découvrir le bout de mon sexe quand je bande.

Rien de grave. Pour bien comprendre ce qui vous arrive, il faut remonter à votre naissance. Comme tous les petits garçons, ou presque, vous êtes venu au monde avec des adhérences qui collent le gland au prépuce. L'extrémité de ce prépuce est alors un peu resserrée : on appelle cela un « phimosis ». Et comme tous les petits garçons, vous avez des érections. Généralement, au fil de ces érections et des tripotages, le prépuce s'assouplit et s'élargit, les adhérences se décollent alors avant l'âge de cinq ans. Mais, parfois, le phimosis persiste et votre gland ne se décalotte pas complètement.

Cela n'est pas gênant, jusqu'au moment du premier rapport sexuel.

Trois situations peuvent alors se présenter : soit tout se passe bien quand même, soit vous n'arrivez pas à avoir un rapport sexuel parce que le rétrécissement du prépuce rend la pénétration impossible. Une situation psychologiquement difficile à supporter... Soit, troisième hypothèse, vous y parvenez mais, en cours de route, catastrophe ! votre prépuce, qui coulissait bien au départ, se « coince » et étrangle votre gland qui se met à gonfler, devient très douloureux. Souvent, en tirant immédiatement très fort sur votre prépuce, vous arrivez à le faire repasser sur le gland mais si vous attendez un peu, cela devient trop difficile. Vous devez alors aller rapidement à l'hôpital pour remettre les choses en place sous anesthésie, voire même effectuer une intervention en urgence. Cet accident, rare, s'appelle un « paraphimosis ». Pour éviter ce genre de désagrément, il faut aller consulter un médecin qui va probablement vous prescrire une pommade à la

cortisone pour assouplir la peau du prépuce et vous conseiller de forcer un peu dessus, voire le faire lui-même pour essayer d'élargir l'anneau. Si cela ne suffit pas, il vous adressera à un chirurgien pour une circoncision.

Ce recours systématique à la chirurgie est de plus en plus contesté par les médecins andrologues (spécialistes des maladies des hommes).

Le Dr Michel Beaugé utilise et recommande depuis quinze ans une méthode simple et efficace, l'auto-rééducation par la masturbation. Il s'agit d'apprendre à se masturber en utilisant les « bons » gestes.

« Les jeunes garçons qui consultent pour un phimosis ont, pour la plupart, des pratiques sexuelles différentes de celles des garçons qui n'ont pas de phimosis. Soit ils ne se masturbent pas du tout, soit ils ne se caressent pas avec un mouvement de va-et-vient, de haut en bas, qui mime le coït et prépare aux futures relations sexuelles en décalottant

progressivement la verge », explique le Dr Beaugé qui en conclut que si les petits garçons étaient mieux informés, on ne verrait que très exceptionnellement des phimosis au-delà de l'âge de treize ou quatorze ans.

Cette rééducation doit être conçue comme un jeu et non comme un traitement car il s'agit de vous préparer à une vie sexuelle normale et agréable, pas de soigner une maladie. Pourtant, il se peut qu'au début ces « séances » de masturbation ne vous procurent guère de plaisir car cette méthode n'utilise pas les gestes auxquels vous avez habituellement recours pour vous faire du bien. Ne forcez pas, apprivoisez doucement votre corps, selon chacun le résultat peut mettre un certain temps à apparaître, mais ça viendra.

Alors, avant de confier votre prépuce au chirurgien, tentez donc d'abord d'arranger les choses par vous-même.

Parfois j'ai mal au pli de l'aine quand je bande et ça m'inquiète.

Ces douleurs sont fréquentes à votre âge. Elles se manifestent par crises de un à deux jours puis disparaissent pour ne plus jamais revenir, ou au contraire récidiver quelques fois avant de disparaître définitivement. Les médecins appellent cela des coliques spermatiques et n'en connaissent pas vraiment la cause : la croissance, peut-être… ?

Une érection très prolongée, sans éjaculation, peut aussi produire ce type de douleur et même parfois s'accompagner de vomissements ; dans ce cas, une masturbation aboutissant à une éjaculation est le meilleur traitement.

Quoi qu'il en soit, ce n'est jamais grave.

Si vous avez trop mal, prenez quelque chose pour vous soulager, aspirine ou paracétamol, par exemple.

Que signifie être impuissant ?

Être impuissant signifie ne pas être capable de bander lors des relations sexuelles. Une telle perspective angoisse certains d'entre vous. Pourtant, si des maladies des artères ou des nerfs peuvent rendre l'érection impossible, c'est rarement chez les jeunes hommes qu'elles surviennent. Ce qui peut se produire, en revanche, lorsque vous aurez vos premières relations sexuelles, c'est d'avoir le zizi « paralysé » par l'émotion. Par peur de ne pas être à la hauteur, votre verge préfère rester en bas. Cela

DÉFINITIONS

Prostate : petite glande masculine, située dans le bassin en dessous de la vessie, dont le rôle consiste à fabriquer la partie liquide du sperme (tandis que les testicules fabriquent les spermatozoïdes).

Vésicules séminales : elles sont au nombre de deux et ce sont des petits réservoirs situés au-dessus de la prostate. Elles stockent le sperme entre deux éjaculations.

Spermatozoïdes : ce sont des cellules sexuelles mâles, formées d'une tête ovale et d'un long filament qui les font ressembler à de tout jeunes têtards en très minuscule et sans yeux (car malgré leur aspect, ce ne sont pas des êtres vivants, juste des cellules) !

arrive quand vous êtes trop ému, très amoureux par exemple. Mais ce n'est pas de l'impuissance, ce sont juste des petites pannes et c'est dans votre tête que cela se passe.
La machinerie, quant à elle, fonctionne parfaitement bien puisque vous continuez à bander le matin au réveil comme si de rien n'était, ce qui n'est pas le cas des hommes souffrant d'une véritable impuissance.

« J'ai le souvenir d'une pollution qui m'avait réveillé (je ne sais plus à quel âge) et rendu très inquiet car je me demandais si la perte de mon sperme (j'en connaissais alors la fonction) n'était pas irrémédiable et si "ça repoussait".

Patrick, 55 ans.

Qu'est-ce qu'une éjaculation ?

Durant l'enfance, quand vous vous masturbiez, rien ne sortait de votre zizi. Et puis un jour, un jet de liquide blanchâtre est arrivé. Vous aviez éjaculé. Voici ce qui se passe. À partir d'un certain degré d'excitation, lors d'une masturbation et plus tard de l'acte sexuel, un réflexe se déclenche en vous.
La prostate et les vésicules séminales envoient du liquide, les testicules y ajoutent les spermatozoïdes et tout cela est poussé par des contractions de la paroi de l'urètre auxquelles s'ajoutent celles d'un muscle de la verge. Ces contractions à répétition s'intensifient et propulsent vos spermatozoïdes

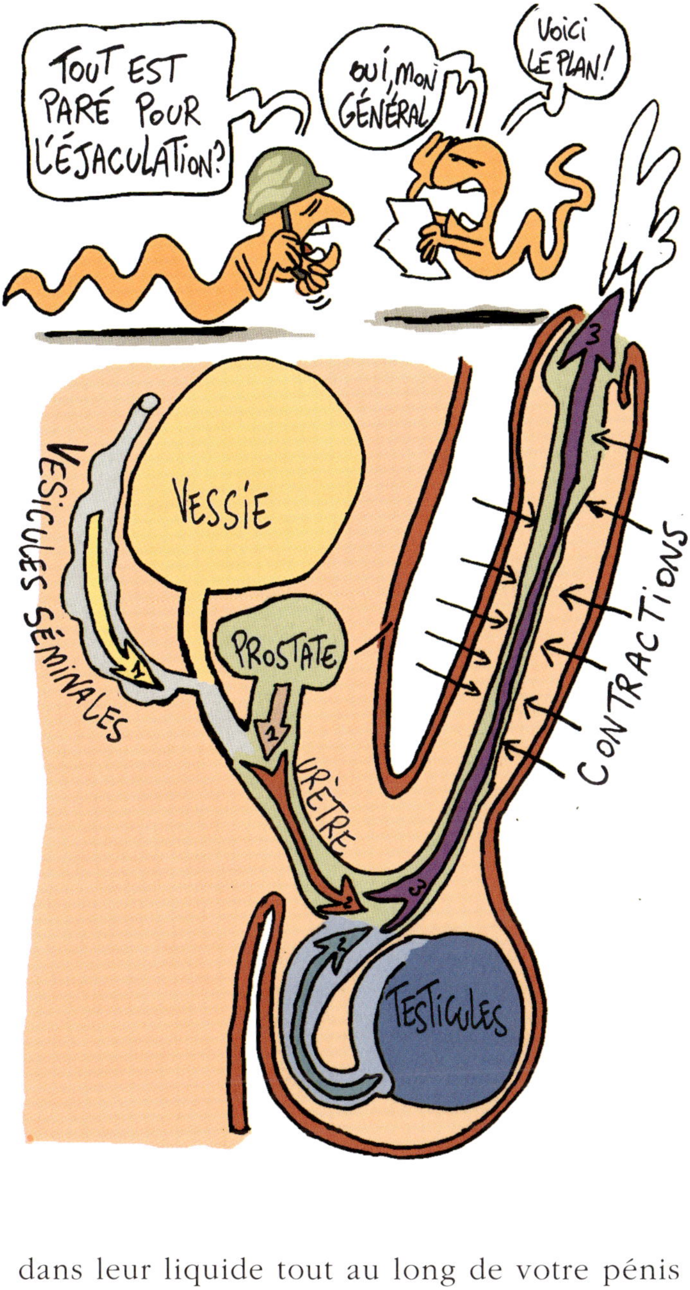

dans leur liquide tout au long de votre pénis comme des cosmonautes et leur navette sur une rampe de lancement : direction la sortie !

Ce fonctionnement ne se met véritablement en place qu'après quelques mois. En effet, lors des premières éjaculations, la présence des spermatozoïdes n'est pas garantie car vos testicules ne sont pas encore tout à fait prêts à les fabriquer.
L'âge de la première éjaculation est très variable d'un garçon à l'autre. Elle se produit le plus souvent vers la « mi-temps » de votre puberté, aux alentours de treize ans et demi ou quatorze ans. Mais certains d'entre vous, particulièrement pressés, éjaculent rapidement après le début de leurs transformations. Alors que d'autres préfèrent attendre que tous les bouleversements soient terminés avant d'éjaculer. Quoi qu'il en soit, l'éjaculation survient de manière tout à fait indépendante de la taille de votre verge ou de la quantité de vos poils. C'est pourquoi il n'est pas possible de prédire à quel moment cela vous arrivera.
Et parfois, la nature vous joue un mauvais tour au beau milieu d'une nuit. Vous vous réveillez alors avec la désagréable sensation d'avoir le ventre mouillé. D'abord c'est chaud puis assez vite ça devient froid. Lorsqu'il s'agit de votre première éjaculation, c'est souvent l'angoisse. Vous vous demandez si c'est bien normal et vous en avez honte. Il faut dire que notre société a tendance à coller une étiquette péjorative sur cet événement parfaitement naturel, en parlant de « pollutions nocturnes » comme s'il s'agissait de saletés ou de produits toxiques… c'est tout de même assez dévalorisant !

De quoi est fait le sperme ?

Le sperme est composé d'un liquide (liquide spermatique) et de millions de spermatozoïdes. Le liquide apporte aux spermatozoïdes tous les ingrédients nécessaires à leur survie et à leur mobilité hors des testicules. On sait que sans ce liquide, la fécondation ne serait pas possible mais on connaît encore mal sa composition et son rôle exact.

Chaque éjaculat – deux à trois millilitres de sperme en moyenne – contient des dizaines et même souvent des centaines de millions de spermatozoïdes. Le nombre est variable d'un homme à l'autre et d'un éjaculat à l'autre.

03

Poils en tous genres

À quel âge poussent les poils sous les bras ?

En latin, *pubere* signifie se couvrir de poils, donc, les Romains le savaient déjà : pas de puberté sans poils !
Les premiers poils sous les bras apparaissent en moyenne vers l'âge de treize ans, mais impossible de faire une généralité, car il en va des poils comme de la verge ou des testicules, chacun débute à son heure et s'équipe à son rythme.

En revanche, la chronologie est la même pour tout le monde. D'abord apparaissent quelques poils, discrets et épars, au niveau des bourses et à la base de la verge. Ensuite seulement viendront les poils sous les bras et finalement, ceux du visage.

Pourquoi a-t-on des poils au zizi ?

Le pourquoi des poils au zizi reste encore un mystère. Néanmoins, comme généralement les créations de la nature ont une utilité, des experts se sont penchés sur cette question. Et le résultat est que ces poils jouent un rôle dans la séduction.

Mais pas, comme vous l'imaginez sûrement, par le côté esthétique de leur harmonieuse disposition ou de leurs charmantes frisettes.

Non, pour les scientifiques, l'affaire est bien plus compliquée que cela. En réalité, les poils serviraient à retenir des molécules chimiques (de la famille des phéromones) fabriquées par de petites glandes, non identifiées pour l'instant et qui contribueraient à l'attirance entre les hommes et les femmes. En quelque sorte, vos poils pubiens agiraient comme des diffuseurs d'un parfum « inodore », inconsciemment perçu et qui vous rendrait sexuellement attirant aux yeux d'une personne du sexe opposé.

Ne comptez pas trop là-dessus quand même, l'expérience contredit le laboratoire et prouve que c'est nettement insuffisant pour draguer. D'ailleurs de nos jours, avec le développement de l'hygiène, des savons et des parfums, qui modifient notre

odeur naturelle, cette fonction d'attraction chimique ne joue vraisemblablement plus grand rôle.
En attendant, on peut quand même trouver aux poils pubiens quelques vertus décoratives.

Est-ce que les blonds ont des poils blonds au zizi ?

Parfois oui et parfois non. Les poils pubiens sont souvent plus foncés que les cheveux et il n'est pas rare qu'un vrai blond ait une toison pubienne châtain. Comme les châtains peuvent avoir des poils brun foncé ou des nuances de roux...

Est-ce qu'on peut avoir plus ou moins de poils ?

Oui, de la même façon que vous avez une chevelure plus ou moins épaisse, vous avez une toison pubienne plus ou moins abondante, avec des poils plus ou moins épais, plus ou moins frisés et plus ou moins foncés. De la même manière, la zone « poilue » triangulaire qui descend en pointe vers votre sexe a tendance chez beaucoup d'hommes (et cela s'accentue avec l'âge), à s'étendre vers le haut en remontant « en ligne » vers le nombril.

Est-ce que c'est possible d'avoir déjà du poil au zizi à dix ans ?

C'est tout à fait possible, mais tant que les testicules n'ont pas commencé à grossir, ils ne fabriquent pas de testostérone et donc la puberté n'est pas enclenchée.

03

En revanche, d'autres petites glandes appelées « surrénales » (parce qu'elles coiffent les reins) fabriquent une hormone mâle différente de la testostérone (et moins importante). Cette hormone stimule entre autres la pousse des poils. Parfois, les glandes surrénales se mettent au travail avant l'âge de la puberté et l'on peut alors voir un jeune garçon de dix ans avec des poils au zizi et sous les bras, un peu d'acné et des testicules d'enfant. En principe, tout rentre spontanément dans l'ordre. Mais, si ce phénomène survient avant l'âge de neuf ans, il est tout même préférable d'en parler à un médecin ; peut-être que les glandes surrénales fonctionnent trop et qu'un traitement pour les freiner est nécessaire.

A-t-on fini de grandir quand on a de la moustache ?

Si l'on parle d'un petit duvet de moustache débutante, votre croissance n'est probablement pas terminée, mais si la moustache en question appelle déjà le rasoir, il est probable que vous ne grandirez plus, ou très peu ; deux ou trois centimètres tout au plus.

La plupart des garçons grandissent peu au début de la puberté puis, vers la mi-temps des transformations, ils appuient sur l'accélérateur de croissance. On voit alors les pantalons rétrécir en continu jusqu'à un centimètre par mois. C'est l'époque des « feux de plancher ». Ensuite le phénomène se ralentit et la mue de la voix signe la fin de la puberté et de la croissance.

Testicules

04

« Je me souviens qu'en tant que fils de médecin, j'étais persuadé d'avoir de solides connaissances en anatomie et que, par exemple, les deux petites boules dessous étaient la vessie. J'ai même fait des exposés à ce sujet en cour de récréation… La fonction de reproduction m'échappait à ces âges, me semble-t-il… »

Patrick, 55 ans.

À quoi servent les testicules ?

Dans l'enfance, vos testicules se contentaient d'être là, sans rien faire d'autre que de contribuer à vous différencier physiquement des filles. À présent, il faut bien qu'ils se mettent au boulot car leur rôle devient très important.

Leur mission : fabriquer des hormones sexuelles, en particulier de la testostérone. C'est un rôle très important car sans ces hormones, pas de modification de vos organes génitaux, pas de poils, pas de mue de votre voix, pas de musculature masculine… Ils produisent aussi les spermatozoïdes et ça non plus ce n'est pas rien car grâce à cela vous serez capable de vous reproduire.

Mes testicules ont grossi mais pas ma verge.

C'est tout à fait logique ! L'augmentation de taille des testicules est la toute première manifestation de la puberté masculine. Il est donc normal qu'à un moment donné, vos testicules aient déjà grossi et pas encore votre verge.

SYNONYMES PAS TRES DISTINGUÉS

Aux testicules non plus, les petits noms vulgaires ou argotiques ne sont pas épargnés : couilles, roubignolles, burnes, roustons, roupettes, valseuses... jumelles, bijoux de famille.

UNE VIE DE SPERMATOZOÏDE : QUEL CAUCHEMAR !

À l'échelle humaine, nous sommes nés de l'union d'un homme et d'une femme. Mais à l'échelle microscopique, nous sommes le fruit de la fusion de deux cellules, un spermatozoïde et un ovule. Dans un de ses films, *Tout ce que vous avez toujours voulu savoir sur le sexe sans jamais oser le demander*, le cinéaste et acteur new-yorkais Woody Allen s'est pris pour un spermatozoïde angoissé.
Imaginez-le, déguisé en spermatozoïde à lunettes, perdu au milieu de milliards d'autres spermatozoïdes (sans lunettes)... juste avant l'éjaculation. Il a une fameuse trouille car il sait qu'il a bien moins de chances de pénétrer dans un ovule que vous de décrocher le gros lot en jouant au Loto. Pour cela, il lui faudra remporter une course de vitesse contre tous les autres qui, comme lui, vont s'élancer à la rencontre de cet ovule, comme autant de soldats montant au front.

En effet, la petite glande hypophyse de votre cerveau a déjà envoyé une hormone spécialisée, appelée LH, pour avertir vos testicules qu'il est temps pour eux de fabriquer de la testostérone.

C'est à ce moment qu'ils se sont mis à grossir. Votre verge, elle, ne grandira que dans un

deuxième temps, sous l'influence de cette testostérone venue des testicules.

J'ai un testicule plus bas que l'autre.

En réalité, personne n'a vraiment les deux testicules exactement au même niveau (de même qu'il est tout normal d'avoir un testicule un peu plus petit…).

Cet écart de hauteur, plus ou moins important, entre le gauche et le droit n'est jamais inquiétant. Il s'agit d'une question de longueur du cordon auquel chaque testicule est suspendu (cf. schéma p. 15). On peut tout à fait imaginer que la nature l'a fait exprès, que les testicules sont un peu trop gros pour être placés côte à côte sans que cela gêne et qu'il est plus commode d'en avoir un plus bas que

04

l'autre. Dans ce cordon se trouve le muscle crémaster et lorsqu'il se contracte, sous l'effet du froid par exemple, les deux testicules remontent d'un coup au sommet des bourses et se retrouvent alors au même niveau.

Ce phénomène explique une conversation surréaliste mais réelle, lue récemment sur un forum Internet, entre un médecin modérateur et un jeune homme inquiet : « Je crois que je ne suis pas normal, j'ai un testicule plus bas que l'autre », écrivait l'un. « Si ça vous gêne, vous pouvez les faire remonter au même niveau en les trempant dans un bol d'eau froide », répondait l'autre, apparemment tout à fait sérieusement.

L'expérience est intéressante, mais son application au quotidien, plus douteuse et sans véritable intérêt…

J'ai les testicules qui remontent ; est-ce qu'ils peuvent rester coincés ?

Concrètement, le fait que vos testicules remontent est dû à un réflexe involontaire, une contraction subite du muscle crémaster auquel le testicule est suspendu. Les testicules qui remontent « parfois » ne restent jamais coincés, ils redescendent d'eux-mêmes. En revanche, si vous vous inquiétez trop, ils risquent de mettre plus de temps à retrouver une position normale. Car la peur les colle un peu au plafond !

Le stress, ici lié à votre peur, vous empêche de vous décontracter et de relâcher les muscles qui maintiennent vos testicules en position haute.

04

SAVEZ-VOUS POURQUOI LES TESTICULES SONT SUSPENDUS EN EXTÉRIEUR ?

Si les testicules sont dans les bourses et non pas bien protégés dans l'abdomen comme les ovaires des filles, c'est parce qu'il y fait moins chaud. La température idéale pour une fabrique de spermatozoïdes, c'est trente-cinq degrés, pas trente-sept comme l'intérieur de notre corps. Mais cette exposition les rend vulnérables, alors la nature les a suspendus au bout d'un fil afin qu'ils soient très mobiles, de sorte qu'en cas de coup, le risque d'écrasement est minime.

D'autres stress, celui causé par les maux de ventre par exemple, peuvent avoir le même effet.
Mais chez certains, sans raisons particulières, les testicules ont pour habitude de remonter très souvent et très haut, parfois jusque dans le canal qui relie les bourses à l'abdomen. On parle alors de « testicules ascenseurs ». Cela arrive en général avant la puberté. Dans presque tous les cas, au moment de la puberté, devenus plus gros et plus lourds ils descendent définitivement dans le scrotum et on n'en parle plus. Exceptionnellement, il arrive qu'ils restent en position haute et il est parfois utile de faire appel à un chirurgien pour les fixer en position basse.

Pourquoi ça fait si mal quand on prend un coup dans les testicules ?

Il y a deux raisons à cela, l'une objective, l'autre subjective.
La première, c'est que, comme tous les organes, les testicules possèdent des nerfs qui véhiculent les sensations et donc la douleur.
La seconde, c'est que psychologiquement, les testicules sont des organes particulièrement précieux. En cas d'agression, vous avez très vite peur pour votre virilité. Or, la peur amplifie la sensation douloureuse.

Je sens une boule sur mon testicule ? Faut-il voir un médecin ?

Il arrive parfois que vous perceviez une boule au-dessus de votre testicule en le palpant.
Si elle existe des deux côtés, il se peut que ce que vous prenez pour une boule soit tout simplement votre épididyme (cf. schéma p. 15). En ce cas, la présence de cette boule date de votre naissance mais vous ne l'aviez jamais remarquée.
En revanche, si la boule en question n'existe que d'un côté, le plus souvent, il s'agit d'un kyste bénin et il n'y a rien à faire. Il est cependant conseillé de consulter votre médecin qui établira lui-même le diagnostic. Ce diagnostic peut être fait avec une simple lampe de poche placée derrière les bourses. Si la lumière passe au travers du kyste, cela confirme qu'il n'est composé que de liquide. Mais en général, afin d'en être tout à fait certain, votre médecin vous prescrira une échographie à faire chez un radiologue.

05

Anomalies et accidents de parcours

Un copain a eu une torsion des testicules. Ça fait très mal.

C'est le cordon spermatique auquel vos testicules sont suspendus qui parfois se tord sur lui-même. À l'intérieur de ce cordon, des vaisseaux sanguins alimentent vos testicules en oxygène. Le testicule dans lequel le sang n'arrive plus se trouve alors brutalement asphyxié. Immédiatement, la douleur est intense. Cet accident peut arriver à n'importe qui, n'importe quand et sans raison apparente.

En cas de torsion des testicules, une seule chose à faire : allez dans les six heures qui suivent à l'hôpital pour détordre le cordon. C'est une petite opération. Le chirurgien sauve la vie de votre testicule et le fixe pour éviter la récidive. Si vous arrivez trop tard il est obligé d'enlever le testicule et le remplace par une petite balle genre mini-ballon de rugby en silicone, qui donne le change au niveau esthétique.
Cela n'a généralement aucune conséquence sur votre descendance puisqu'un seul testicule suffit à produire toutes les hormones et tous les spermatozoïdes dont vous avez besoin.

Peut-on se fracturer les testicules ?

Bien sûr, on peut se fracturer un testicule mais c'est très rare. Pour que ça « casse », il faut un choc violent et que le testicule, suspendu à son fil, ne puisse pas esquiver le coup.

Cela peut arriver, par exemple, lors d'une chute brutale de vélo et si vos bourses viennent heurter le guidon.
Dans le cas où il s'agit d'une vraie fracture et pas seulement d'une contusion, vous le verrez facilement car un testicule cassé saigne énormément. Très vite, les bourses deviennent tendues et bleues du fait du sang qui s'accumule à l'intérieur du scrotum. Le volume des bourses augmente rapidement à cause de cette hémorragie interne. Il peut être nécessaire alors d'opérer afin d'évacuer le sang et de recoudre votre testicule « blessé ».

Il n'y a pas de risque de devenir stérile puisque, même si le testicule fracturé était très endommagé ou devait être enlevé, l'autre prendrait le relais.

Je ressens un truc bizarre au-dessus de mon testicule gauche.

Ce sont des varices, c'est-à-dire des veines malades. Elles sont généralement localisées au-dessus du testicule gauche.

Les varices spermatiques, appelées « varicocèle », sont assez fréquentes chez les jeunes garçons, mais jamais graves.

Vous pouvez reconnaître des varices au palper. Vous aurez l'impression de toucher des sortes de nouilles. Parfois, lorsqu'elles gonflent beaucoup, il devient possible de voir ce petit « paquet de nouilles » bleuâtre. C'est en étant debout qu'on les sent précisément, car en position couchée, les varices se vident de leur sang, elles sont tout aplaties et vous ne sentez plus rien.

Le plus souvent elles vous gênent peu, se manifestant juste par moments par une sensation de pesanteur sans autre réel inconvénient. Dans ce cas-là, on ne fait rien. Si, en revanche, vous êtes très embêté par un gonflement des bourses dès que vous courez et par une impression désagréable de lourdeur quasi constante, consultez un chirurgien urologue. Il vous proposera une intervention visant à soigner la veine malade.

Et surtout, ne vous inquiétez pas, tout finira par rentrer dans l'ordre.

Moi AUSSi, JE ME TRANSFORME COMME HULK!
… CHEZ Moi, CELA COMMENCE PAR LE TESTiCULE GAUCHE!

J'ai entendu dans une émission qu'il existe des malformations du sexe.

Quand on parle de malformations de la verge, en général, il s'agit soit de courbure, soit d'hypospade. En cas d'hypospade, le petit trou pour faire pipi habituellement situé au bout du gland, en son centre, est placé un peu plus bas, sous le gland, ou un peu plus bas au niveau de la base du gland, ou encore bien plus bas sous la verge, en allant vers les bourses. L'hypospade concernerait une naissance masculine sur six cents, ce qui est beaucoup. Heureusement, la plupart sont de forme bénigne.

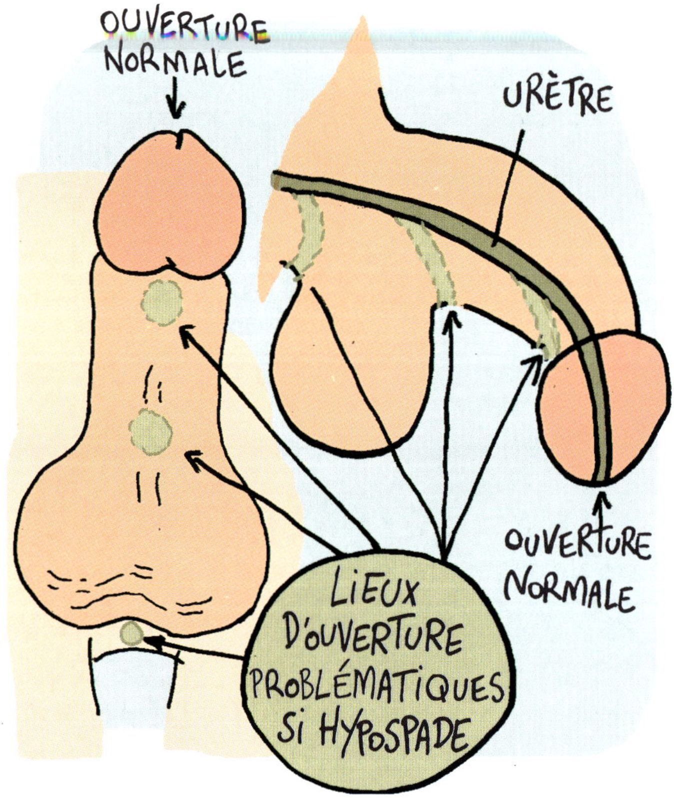

Un hypospade sur le gland, proche de la normale, ne pose aucun problème sinon éventuellement d'ordre esthétique. Un hypospade situé sur le corps du pénis devient un handicap, d'autant qu'il s'associe assez souvent à une courbure importante de la verge. Dans ce cas-là, il est repéré très tôt dans l'enfance et si possible dès la naissance et traité en conséquence. C'est pourquoi, à votre âge, on ne voit plus que des hypospades bénins.

J'ai été opéré petit d'un testicule qui ne voulait pas descendre.

Le testicule qui ne descend pas est un vrai problème, qui date d'avant votre naissance.
Au moment de la grossesse, l'embryon garçon et l'embryon fille sont exactement pareils et les petites glandes qui « poussent » au niveau de la région

lombaire, vers les reins, deviendront soit des testicules, soit des ovaires. Si elles deviennent des testicules, il faudra qu'elles voyagent pour rejoindre les bourses, qui jusqu'alors étaient un petit sac de peau, tout vide.

Juste avant votre naissance donc, vos testicules doivent quitter votre abdomen et migrer à travers le canal inguinal (au pli de l'aine) jusque dans le scrotum, leur habitat définitif.

Mais parfois, cette descente ne se fait pas, ou pas complètement. Un testicule (ou même les deux) reste coincé quelque part en chemin. On parle alors de testicule « ectopique » ou de « cryptorchidie ».

Si les testicules restent en position haute, ils auront trop chaud et ne pourront jamais fabriquer de spermatozoïdes. Cette anomalie est donc dépistée dès la naissance et surveillée par votre médecin ou

votre pédiatre durant la première année de vie car souvent, il s'agit juste d'un retard à la descente et cela s'arrange tout seul.
Mais si ce n'est pas le cas et qu'après votre premier anniversaire, les testicules restent en position haute, le chirurgien peut être amené à aller chercher les testicules pour les descendre et les fixer dans les bourses. C'est une opération bien rodée qui permet à vos testicules de se développer normalement par la suite. La cicatrice se situe au niveau de l'aine.

J'ai remarqué une cicatrice sous les testicules, d'où peut-elle venir ?

Certains d'entre vous, parce qu'ils savent qu'ils ont été opérés ou parce qu'ils s'imaginent l'avoir été, croient avoir une cicatrice là où ils n'en ont pas. En effet, cette cicatrice-là existe chez tous les

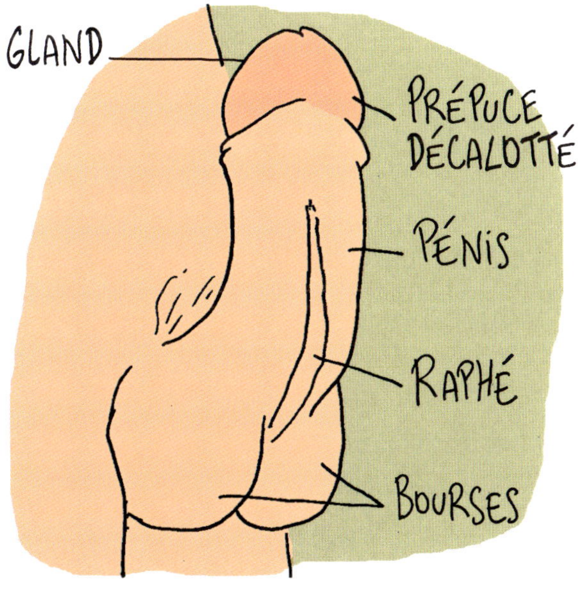

garçons, généralement plus visible chez les bruns que chez les blonds.
C'est la nature qui vous l'a fabriquée. Dans le ventre de votre maman, à un certain moment de la formation de vos bourses, deux bourgeons de peau, l'un droit et l'autre gauche, se sont rapprochés et soudés, dessinant sur votre peau une ligne de fusion qui ressemble à une cicatrice. Cela s'appelle un « raphé ».

J'AI UN SEIN QUI POUSSE, SUIS-JE ANORMAL ?

Pas du tout, au contraire, c'est très fréquent. Sept garçons sur dix rencontrent ce problème à un moment ou à un autre de leur puberté. Le plus souvent il s'agit juste d'un téton qui a discrètement augmenté de volume, sensible, voire douloureux, mais fugace. Parfois le gonflement est plus important et l'on voit se développer un petit sein d'un seul côté, ou de chaque côté. Les docteurs appellent cela une « gynécomastie ». Cela peut durer plusieurs mois. Quand cela se voit, c'est parfois très gênant. Dans ce cas-là, vous avez tendance à porter des vêtements amples et à éviter les lieux où l'on s'expose comme la piscine par exemple. Prenez votre mal en patience et rassurez-vous, ça finit par partir tout seul. Si, exceptionnellement, cela n'était pas le cas, consultez un médecin.

J'ai le prépuce qui dépasse, il est plus long que mon zizi.

Pas de quoi vous inquiéter, c'est une variante de la normale. Il y a des zizis à prépuce court et d'autres à prépuce long et les uns comme les autres fonctionnent très bien.

Est-il vrai qu'on peut attraper des infections du zizi sans rien faire ?

C'est absolument exceptionnel quand on a une bonne hygiène, c'est-à-dire quand on se lave régulièrement. Comme tout le reste de votre corps, votre sexe apprécie une bonne douche avec savon. Vous vous savonnez et vous rincez en décalottant votre gland sauf lorsque c'est impossible. Mais si des adhérences empêchent l'eau savonneuse de passer, les microbes n'y vont pas non plus.

06

Plaisir et désir

« Une nuit, je devais avoir treize ans, j'ai rêvé que je conduisais la moto de mon grand frère. C'était super, j'allais très vite jusqu'au moment où… je me suis réveillé mouillé. C'était ma première éjaculation. »

Pierre-Yves, 41 ans.

Qu'est-ce que l'orgasme ?

Avoir un orgasme, c'est aussi ce qu'on appelle jouir. Chez les garçons, la survenue de l'orgasme est généralement liée à l'éjaculation mais pas toujours. Car l'un peut exister sans l'autre et réciproquement ! L'orgasme est une sensation de plaisir intense, ressenti dans le corps et dans la tête, c'est le point culminant du plaisir sexuel. Il peut être déclenché par la masturbation, les rêves érotiques ou les relations sexuelles. L'orgasme est difficile à décrire car il s'agit d'une sensation à la fois intime et unique que l'on ne peut comprendre et ressentir qu'après l'avoir vécue.

C'est tellement personnel et subjectif que chacun a ses propres mots imagés pour l'évoquer, certains parlent de rejoindre les étoiles, d'autres d'un feu d'artifice, d'autres encore d'un mini-tremblement de terre intérieur.

C'est un moment très fort et bref. Une sensation qui ne dure pas, qui monte, qui monte... atteint son point maximum puis, rapidement, redescend. C'est fini : la tension retombe et on se sent simplement bien, détendu.

Mais cette jouissance n'est pas automatique, il arrive qu'en se masturbant ou en ayant une relation sexuelle, on vive un moment agréable sans pour autant ressentir cette sensation extraordinaire. Pour vous donner une idée de ce qu'est l'orgasme, il faudrait pouvoir comparer ce plaisir très particulier à un autre. Or, il n'est comparable à rien. Disons qu'il y a différents stades de plaisir. C'est un peu comme quand vous mangez du chocolat (ou toute autre chose délicieuse), parfois il est bon, parfois excellent et parfois c'est le top du top ! Eh bien le plaisir physique c'est pareil, c'est toujours bon mais on n'atteint pas toujours le sommet. Pourquoi ? Il n'y a pas de raison précise et unique à cela. Question d'envie, de forme physique, de fantasmes et d'amour. Si vous rêvez d'une fille que vous adorez, et plus tard, si vous faites l'amour avec quelqu'un que vous aimez très très fort, vous avez bien plus de chances de parvenir à l'orgasme qu'avec une personne pour qui vous n'avez pas des sentiments aussi intenses.

Pourquoi se masturbe-t-on ?

La masturbation est une manifestation normale de la sexualité chez les garçons (comme chez les filles). Elle consiste à se caresser le sexe.

Cette pratique a plusieurs fonctions.

Dès que vous commencez à fabriquer du sperme, vous ressentez physiquement la nécessité de l'évacuer car votre corps n'est pas conçu pour le stocker en grande quantité. La masturbation qui permet d'obtenir une éjaculation est un bon moyen d'éliminer ce trop-plein et de calmer la tension physique qui l'accompagne. Si vous ne le faites pas, la nature s'en chargera par le biais des éjaculations nocturnes.

Par ailleurs, la masturbation vous permet d'explorer votre corps, de mieux comprendre comment il fonctionne et de le préparer pour votre vie sexuelle future (cf. question sur le phimosis).

RESTE COOL! ... SI T'EN PEUX PLUS, ÉVACUE LE TROP-PLEIN!

En principe, c'est un moment intime de plaisir et de détente. C'est le moyen de vous faire plaisir facilement, sans avoir besoin de personne, sans craindre de mal faire. C'est votre secret pour détendre votre corps, oublier quelques minutes vos tracas, déconnecter de vos angoisses. Car non seulement la masturbation vous fait du bien mais après vous vous sentez complètement vidé, tout neuf !

Malheureusement, parfois vous ne parvenez pas à ce résultat positif car votre culture vous l'interdit. En effet, beaucoup d'entre vous sont mal après

s'être masturbés, ils se sentent coupables car la masturbation est encore taboue dans notre société, même si on en parle un peu plus qu'avant, dans certains livres par exemple. On aborde très rarement ce sujet avec ses parents, ce qui n'est pas forcément étonnant car il s'agit de quelque chose de très intime. Mais on n'en parle pas non plus en cours d'éducation sexuelle. Lorsqu'on évoque la masturbation entre jeunes, c'est toujours pour en rire ou pour la dénigrer. La preuve, se masturber se dit aussi, vulgairement, « se branler », or, quand on dit de quelqu'un que c'est un « branleur », ce n'est jamais un compliment. Dans les films (films X mis à part) on voit des couples faire l'amour mais on ne voit personne se masturber ; il n'y a pas non plus d'articles de journaux titrés « Adolescents, les bienfaits de la masturbation »... Comme si la masturbation était quelque chose qu'on ne peut pas évoquer, pas montrer.

Mais c'est très hypocrite, puisque, si personne n'en parle, tout le monde le fait ou presque. Les statistiques évaluent à au moins 95 % le nombre de jeunes garçons qui se masturbent. Et ceux qui prétendent ne s'être jamais masturbés disent-ils la vérité ? Difficile de le savoir.

Cependant, les mentalités évoluent. Aujourd'hui, nous pouvons aborder ce sujet dans un livre sans risquer la censure. En d'autres temps, parler de la masturbation en disant qu'elle est une chose naturelle et bonne aurait été considéré comme un délit.

LA MASTURBATION ACCUSÉE DE TOUS LES MAUX

« Arrête, ça [la masturbation] rend sourd. » Voilà une phrase qui a traversé les siècles pour parvenir encore de temps en temps à nos oreilles. Mais ce qui était dit sérieusement à une époque est heureusement dit aujourd'hui pour rire. Qui, en effet, pourrait bien croire une telle sottise de nos jours ?

Il y eut pourtant, tout au long des XVIIIe et XIXe siècles, en Europe et aux États-Unis, beaucoup de gens sérieux pour accréditer cette affirmation et d'autres bien pires encore. Médecins, hommes d'Église et même philosophes voyaient dans la masturbation une pratique malsaine propre à rendre malade. Ces « savants » pensaient souvent que les hommes jeunes, en se masturbant, gaspillaient une semence précieuse donnée à l'homme par Dieu pour faire des enfants et qu'ils risquaient de devenir stériles. Mais nous savons aujourd'hui que c'est faux puisqu'on fabrique du sperme en permanence.

De cette idée que la masturbation est une sorte de perversion maladive, il reste encore quelque chose aujourd'hui qui fait que même si l'on admet qu'il est normal de se masturber, le sentiment trouble que ce n'est pas bien subsiste dans la tête de nombreuses personnes sans qu'elles sachent vraiment expliquer pourquoi.

Y a-t-il différentes façons de se masturber ?

Oui. Enfin, il y a la façon la plus courante et d'autres, plus marginales.
Classiquement, la masturbation commence par des caresses douces du pénis et des bourses, qui entraînent une érection. Puis, quand vous bandez suffisamment, vous prenez votre sexe dans la paume de votre main et vous effectuez des mouvements de va-et-vient. Vous pouvez continuer ainsi jusqu'à l'éjaculation.
Cette façon de faire imite tout à fait un acte sexuel. Lorsqu'un homme pénètre une femme, il effectue des mouvements de va-et-vient qui produisent une sensation de plaisir, pas totalement identique mais très proche de celle que vous ressentez en vous masturbant. De la même manière, l'acte sexuel

aboutit à une éjaculation. C'est ce qui fait dire aux sexologues que la masturbation joue un rôle de préparation à la sexualité à deux. Elle vous apprend à mieux connaître votre corps et à contrôler l'arrivée du plaisir. Dans votre tête ces mouvements de va-et-vient s'inscrivent comme ceux qui conduisent au plaisir. Toutes ces notions vous seront utiles plus tard pour avoir confiance en vous et comprendre comment donner du plaisir à votre partenaire.

En plus, ces gestes permettent d'assouplir la peau de votre prépuce et de l'élargir au cas où il serait un peu trop serré (cf. question sur le phimosis).

Mais certains d'entre vous, emploient d'autres moyens pour parvenir au plaisir. Ils se frottent le sexe contre leur matelas sans se toucher, roulent leur pénis contre leur cuisse ou encore tirent sur

leur prépuce vers le haut au lieu de décalotter leur gland. Il n'est pas question de juger les pratiques de chacun car il n'y a aucun mal à faire ce qui vous plaît de votre corps, mais il faut savoir que si vous ne vous masturbez que comme cela, vous manquez l'occasion d'assouplir votre prépuce si nécessaire et vous risquez d'avoir plus de difficulté à obtenir du plaisir lors de vos premières relations sexuelles, car elles vous imposeront des gestes différents de ceux qui jusque-là vous faisaient jouir.

Ces différences de comportement dans la masturbation pourraient venir du fait que cet acte étant tabou, on communique très peu dessus et certains jeunes garçons qui ne savent pas comment s'y prendre ne s'orientent pas spontanément vers les gestes qui correspondent le mieux à leur vie sexuelle future.

À quel âge peut-on faire l'amour ?

Pour faire l'amour, il faut en avoir vraiment envie et se sentir prêt, c'est tout. Enfin, presque tout car, dans l'idéal, il faut aussi être très amoureux et avoir une grande confiance en l'autre. L'expérience montre que ces conditions sont rarement réunies avant l'âge de dix-sept ans, c'est une question de maturité physique et psychologique. Cet âge moyen de la première relation sexuelle n'a

06

pas bougé depuis plusieurs décennies. Il était plus élevé avant les années soixante car la morale était très stricte, on ne pouvait pas se procurer des préservatifs facilement, la pilule n'existait pas, une fille qui avait une relation sexuelle avant d'être mariée était qualifiée de fille de « mauvaise vie » et si elle tombait enceinte elle était jugée très négativement par la société. Tout a vraiment changé au cours des années soixante-dix, les jeunes ont eu accès à la contraception et les mentalités ont évolué. Depuis, l'âge moyen de la « première fois » est dix-sept ans et ne varie plus. Cela dit, il n'y a pas de norme. Certains se sentent prêts plus tôt, à quinze ou seize ans, et d'autres attendent dix-neuf ou vingt ans pour trouver LA bonne personne avec qui partager ce moment important de leur vie. Il n'y a ni gloire ni honte à faire l'amour plus tôt ou plus tard que la moyenne. En tout cas, il ne sert à rien de planifier. Laissez les choses se faire naturellement. Ne brûlez pas les étapes. Prenez le temps d'apprendre à se connaître l'un, l'autre. Car, la première fois, on est souvent maladroit et il n'y a pas de raison que vous fassiez exception. Si vous avez pris le temps de devenir complice avec votre partenaire vous pouvez rire des accidents de parcours et, sans vous formaliser davantage, décider de vous améliorer ensemble. Si ce n'est pas le cas, il se peut qu'un certain malaise s'installe entre vous.

Quoi qu'il arrive, il y a une chose à laquelle vous devrez absolument penser, c'est à vous protéger du sida et des risques de paternité non désirée, en utilisant un préservatif. C'est seulement lorsque vous aurez une relation suivie avec votre copine, sous réserve que vous ayez fait tous les deux un test pour être sûrs de ne pas avoir le sida, que vous soyez fidèles et que votre partenaire prenne la pilule pour ne pas tomber enceinte, que vous pourrez abandonner les préservatifs.

Est-ce normal de penser tout le temps au sexe ?

Tout le temps, peut-être pas, mais vous avez de nombreuses raisons d'y penser souvent.
Pour commencer, c'est lui, votre sexe, qui avec sa nouvelle « manie » des érections intempestives, se rappelle volontiers à votre bon souvenir, et de manière plutôt voyante.
Mais ce n'est pas tout. Vos transformations physiques s'accompagnent de bouleversements psychologiques et d'émotions nouvelles. Tomber amoureux, éprouver du désir, trouver une fille sexy... sont pour vous des sensations nouvelles extrêmement troublantes. Ces émotions sont liées au sexe et à toutes vos interrogations à ce sujet. Vous avez à la fois peur et envie de connaître cette chose si importante qu'est le partage d'une relation sexuelle avec quelqu'un d'autre.
Désirs, angoisses, émotions, vous avez tendance à tout cacher sous le masque de la dérision en abusant des blagues scabreuses qui, soit dit en passant, sont rarement appréciées des filles.

... MON DÉGUISEMENT FAIT PEUR AUX FILLES!!!

Le sexe devient pour vous une source de pensées agréables et en même temps vous reste en grande partie inaccessible et mystérieux. Il y a de quoi être un peu obsédé…

Mais cela n'est pas seulement le fait de votre jeune âge. Télévision, magazines, Internet… nous croulons sous les images de sexe, alors comment ne pas y penser ? On pourrait croire que cette omniprésence du sexe sur nos écrans rend le sujet banal et vous rassure. Que de cette manière vous avez accès à toutes les informations et donc beaucoup moins de questions sans réponses et d'angoisses du futur mais… rien n'est moins sûr ! Au contraire, il est possible que toutes ces images vous perturbent davantage qu'elles ne vous aident en faisant naître chez vous encore plus de craintes et d'interrogations.

06

Est-il normal de surfer sur des sites ou de regarder des films pornos ?

Une enquête demandée par le Conseil supérieur de l'audiovisuel (CSA) en 2004 rapporte que 80 % des garçons entre quatorze et dix-huit ans et 45 % des filles du même âge déclarent avoir vu au moins une fois un film X durant l'année précédente. Il y a uniquement quelques années, pour voir un film pornographique il fallait avoir dix-huit ans et aller au cinéma. Et puis sont arrivés les magnétoscopes et la possibilité d'acheter ou de louer des films pornographiques à regarder chez soi. Des chaînes de télévision privées, cryptées ont fait leur apparition dans nos salons et avec elles l'accès aux films X du samedi soir. Et enfin, Internet qui vous affiche des images de sexe parfois même avant que vous ne le demandiez. Ainsi, regarder des « films de cul » est devenu banal.

Dans ces conditions, il est tout à fait normal que vous ayez envie d'en voir. Par curiosité, pour savoir, pour faire comme les copains, pour pouvoir en parler aussi, pour avoir la sensation d'accéder à un domaine normalement réservé aux adultes… les raisons ne manquent pas.

Pour autant, est-ce une bonne chose de le faire? Le phénomène est trop récent et personne ne sait répondre à cette question mais beaucoup de spécialistes se la posent et s'inquiètent de possibles répercussions psychologiques de ces images sur des jeunes qui n'ont aucune expérience des relations sexuelles et découvrent l'amour physique par ce biais. Car la façon dont les choses se déroulent dans les films a plus à voir avec la fiction et la gymnastique qu'avec la réalité et les sentiments. Si vous pensez que c'est ainsi que les choses doivent se passer, vous risquez d'en être très perturbé. Il vous faut donc apprendre à prendre du recul par rapport aux images que vous voyez, à les décrypter.

DÉFINITIONS

« Porno » (abréviation de pornographique) : fait de montrer des choses (en général des images) obscènes, c'est-à-dire choquantes, qui portent atteinte à la pudeur.

06

Est-ce qu'« en vrai », c'est comme dans les films pornos ?

Un film pornographique n'a rien à voir avec la réalité, il s'agit de mettre en image des fantasmes, c'est-à-dire des désirs imaginaires. Le but de ces films est d'éveiller le désir, voire de donner du plaisir à ceux qui les regardent en leur racontant une « histoire » sexuelle. Or la grande majorité de ces films s'adressent aux hommes et sont basés sur des fantasmes masculins où les femmes sont placées en situation d'infériorité, soumises, voire victimes de violences. Mais le fait d'apprécier ces films ne signifie pas qu'on est soi-même violent ou irrespectueux envers les femmes. C'est un peu comme aimer les films d'horreur, cela ne veut pas dire qu'on rêve de vivre avec des assassins rôdant autour de sa maison. Dans la réalité et dans une relation sexuelle harmonieuse, l'homme et la femme se respectent, s'aiment et ont des gestes tendres qu'on ne voit pas dans les films pornographiques. Finalement, cela n'a absolument rien à voir avec ce que vous allez vraiment vivre un jour, une histoire d'amour avec des sentiments, des émotions, une attirance physique réciproque et de la tendresse. Alors que ce que vous voyez sur l'écran est affaire de performance physique. La preuve, les acteurs de films X

06

ne sont pas choisis en fonction de leurs qualités d'amant mais à cause de la taille hors norme de leur sexe ! Ils sont censés être des hommes surpuissants, des super-héros sexuels munis de zizis géants. Une qualité douteuse, qui a fait la réputation de Rocco Siffredi, star du porno.
Pour prendre de la distance avec la « valeur » de ces « chefs-d'œuvre » cinématographiques, il suffit de prêter attention au scénario, vous constaterez aisément qu'il est stupide et généralement sans rapport non plus avec la réalité.

L'homosexualité est-elle une maladie ?

Non, l'homosexualité n'est pas une maladie, on n'en meurt pas, on n'en souffre pas, on ne la transmet pas et on n'a pas besoin d'en guérir pour vivre heureux. Être homosexuel est une orientation sexuelle, ce sont des gens comme vous et moi, qui éprouvent du désir et tombent amoureux de personnes du même sexe qu'eux.
Ils sont certes minoritaires mais tout de même très nombreux. On entend parfois dire qu'il y en a plus qu'avant mais cela n'est probablement pas vrai. Cette impression tient au fait que même si beaucoup d'entre eux cachent encore leur homosexualité, ils sont de plus en plus nombreux à oser le dire et à vivre en couple. La plupart des statistiques estiment qu'une personne sur dix environ serait homosexuelle, soit six millions de gens rien qu'en France. Être homosexuel n'est pas un choix et il n'y a aucune honte à cela. Ce n'est pas non plus une

mode, l'homosexualité a existé de la Préhistoire à nos jours, de tout temps et dans toutes les sociétés. Dans l'Antiquité, les Grecs et les Romains la considéraient comme une pratique normale. Au Moyen Âge, sous l'influence de l'Église catholique qui condamne toute relation sexuelle non destinée à faire des enfants, les homosexuels commencent à être considérés comme anormaux et pervers. Ils deviennent des parias. Sous l'Inquisition, on les juge, on les torture et, parfois, on les brûle. Malgré cela, l'homosexualité ne disparaît pas et de nombreux rois et princes sont connus pour avoir eu des relations homosexuelles.
Beaucoup de clichés sont attachés à l'homosexualité mais ils ne sont pas fondés. Par exemple, ce n'est pas parce qu'un garçon est efféminé qu'il aime les garçons, ni parce qu'il a l'air particulièrement viril qu'il aime les femmes.

Il faut dire aussi que certaines personnes, sans vouloir mal faire, entretiennent une image caricaturale de l'homosexualité. Par exemple, la Gay Pride avec son cortège de travestis façon carnaval de Rio, ou un film comme *La Cage aux folles*, qui met en scène des homosexuels efféminés et maniérés, alimentent des clichés dont beaucoup d'homosexuels se passeraient volontiers. Ce qu'ils montrent n'est pas faux mais marginal. Alors que la plupart des homosexuels sont comme Monsieur et Madame Tout-le-Monde, à la différence près que leurs couples sont formés de gens du même sexe.

Et pour compliquer un peu l'affaire et montrer que vraiment, tous les goûts sont dans la nature, certaines personnes sont bisexuelles, c'est-à-dire capables de tomber amoureuses et d'avoir des relations sexuelles tantôt avec un homme, tantôt avec une femme.

TE CHOQUE PAS, MAIS...
J'AI ENVIE QUE TU ME PRENNES DANS TES BRAS ET QUE TU...
ÉCOUTE, PIERRE CELA FAIT UN AN QUE J'ATTENDS QUE SOPHIE ME DISE LA MÊME CHOSE QUE TOI !

J'ai peur d'être homosexuel parce que je suis attiré par un garçon de mon âge.

À votre âge, il est courant de se poser cette question et pas forcément évident d'y répondre. En réalité, vous ne le saurez qu'après avoir vécu vos premières expériences sexuelles. Parce que être homosexuel, c'est avoir envie et prendre du plaisir à faire l'amour avec une personne du même sexe.

Or, souvent à votre âge il n'est pas simple de faire la part du désir physique et de l'attirance affective. Ni de déterminer les limites entre l'amour et l'amitié.

D'ailleurs, la frontière est floue à une période où le besoin de se lier à un ami, qui vous ressemble et vous comprenne, est très fort.

La confusion est d'autant plus grande qu'il peut vous arriver, durant cette période troublée de transformations multiples, d'être vraiment attiré physiquement par une personne du même sexe. Mais cela ne signifie pas pour autant que vous serez un adulte homosexuel, ni même bisexuel. La plupart trouveront d'emblée leur orientation sexuelle à la fin de cette période d'adolescence mais certains hésiteront longtemps et auront même parfois besoin d'avoir une relation sexuelle avec un garçon pour savoir si oui ou non ils sont homosexuels car après tout « entre l'amour et l'amitié, il n'y a qu'un lit de différence » (Henri Tachan, chanteur français).

Ce questionnement sur votre orientation sexuelle est normal et correspond à une angoisse. La peur d'être rejeté, méprisé, de décevoir. Depuis toujours « pédé » (de « pédéraste » : homosexuel masculin) est pour vous une insulte. Vous-même vous l'avez employée des centaines de fois sans penser à mal, sans imaginer que peut-être vous blessiez profondément quelqu'un. Et voilà qu'aujourd'hui vous avez peur d'en être un.

Pourquoi est-ce si effrayant? Pour plusieurs raisons. D'abord, il y a la crainte de n'être pas comme tout le monde et en particulier pas comme vos parents vous désirent. Il est très troublant de se rendre compte qu'on ne correspond pas aux schémas dans lesquels on a été élevé et que peut-être, on n'aspire pas à fonder le même type de couple et de famille que Papa et Maman.

Et puis, il y a la façon négative dont la société considère encore l'homosexualité, qui fait très peur. Il est important de rappeler que des dizaines de milliers d'homosexuels ont été déportés et exterminés dans les camps de concentration nazis et qu'aujourd'hui encore on en parle très peu. Bien sûr, la violence physique envers les homosexuels est condamnée par la loi mais la violence morale est encore très présente. Plusieurs enquêtes ont montré que les jeunes homosexuels se suicidaient plus que les autres, à cause des souffrances infligées par l'homophobie.

Lentement, les mentalités évoluent mais les homosexuels souffrent encore d'une forme de racisme qu'on appelle l'homophobie. Parce qu'elles sont choquées d'imaginer que deux hommes puissent avoir des relations sexuelles et que le sujet reste encore un tabou, certaines personnes les rejettent violemment. C'est ce rejet qui vous fait peur dans cette période de doute dans laquelle vous vous trouvez.

Quelle est la différence entre un homosexuel, un transsexuel et un travesti ?

Cela n'a simplement rien à voir. Un homosexuel est un homme qui aime les hommes ou une femme qui aime les femmes.

Un travesti est un homme qui aime se déguiser en femme. Ce n'est pas forcément un homosexuel.

Un transsexuel est une personne qui possède un sexe différent dans sa tête et sur son corps. C'est, par exemple, quelqu'un qui a un corps d'homme et qui se sent absolument, totalement et définitivement femme dans sa tête ou l'inverse, quelqu'un qui a l'apparence d'une femme et se sent homme.

Une personne transsexuelle peut être homo, hétéro ou bisexuelle.

La transsexualité est rare et s'accompagne toujours d'une grande souffrance. Elle pousse les gens qui la vivent à entreprendre des transformations physiques à l'aide d'hormones ou d'interventions chirurgicales lourdes afin de ressembler à ce qu'ils se sentent être au fond de leur cœur. C'est pour eux un des seuls moyens de pouvoir vivre heureux.

Zizi, culture et société

07

Qu'est-ce que la circoncision ?

La circoncision consiste à enlever le prépuce d'une verge de sorte que son gland reste partiellement ou totalement découvert en permanence. Lorsque cette intervention est pratiquée à l'hôpital, sous anesthésie, elle ne fait pas mal... sauf dans les jours qui suivent. En effet, la cicatrisation de la peau à la base du gland peut prendre un peu de temps. Pendant cette période, le zizi est un peu douloureux et vulnérable aux infections, il faut donc surveiller attentivement, nettoyer et désinfecter régulièrement. Il faut aussi quelques semaines pour que le gland, très sensible et conçu pour vivre protégé par un étui de peau, s'adapte à sa nouvelle vie « en plein air ». En revanche, une fois que tout est bien cicatrisé, un pénis circoncis fonctionne aussi bien, que ce soit pour faire pipi ou sexuellement, qu'un pénis non circoncis ; ni mieux ni moins bien. En revanche, il n'a plus le même aspect.

On pratique la circoncision pour plusieurs raisons, des raisons médicales et des raisons religieuses.

La circoncision médicale est le traitement du phimosis. Elle a pour but de permettre à un garçon dont le gland ne se décalotte pas en érection, d'avoir des relations sexuelles normales, sans douleur et sans risques de paraphimosis. Cette opération est toujours pratiquée sous anesthésie, à l'hôpital, dans de bonnes conditions d'hygiène. L'autre raison « médicale » de pratiquer la circonci-

sion n'est en réalité pas médicale du tout. Il s'agit de circoncision pour raison hygiénique, un motif qui semble ne pas avoir beaucoup convaincu en France. Aux États-Unis, en revanche, elle est devenue une véritable mode, motivée par une sorte de chasse aux microbes tous azimuts. Fromages non pasteurisés et prépuces dans le même collimateur… accusés de favoriser les infections ! C'est ainsi que des millions d'Américains ont été circoncis au motif que cela évite la prolifération des microbes sous les prépuces. Mais il y a plus simple que la circoncision : l'eau et le savon ! Il semble bien aujourd'hui que les avis changent encore. On observe à présent aux États-Unis le phénomène inverse, des hommes demandent à retrouver leur sexe d'origine et des chirurgiens esthétiques se spécialisent dans la reconstruction de prépuces… Allez y comprendre quelque chose !

Enfin, la raison de circoncire la plus répandue dans le monde, et la plus irrationnelle aussi, est le respect de la tradition religieuse ou culturelle. Elle concerne un très grand nombre de gens puisqu'elle est pratiquée par les juifs et les musulmans. Elle est de plus en plus souvent effectuée à l'hôpital. Et bien qu'aucune raison médicale ne justifie cet acte, les médecins acceptent de le pratiquer pour éviter des circoncisions « sauvages » sans anesthésie et dans de mauvaises conditions d'hygiène.
Traditionnellement, les bébés juifs sont circoncis au huitième jour de leur vie et les petits garçons musulmans entre trois et sept ans. Dans les deux cas il s'agit d'une référence à un commandement d'Abraham vieux de trois mille sept cents ans. À cette époque-là, des trois grandes religions monothéistes, seule la religion juive existait.

IDÉES FAUSSES SUR LA CIRCONCISION

Il court tout un tas de rumeurs et d'idées fausses sur la circoncision :

Elle serait un plus

– Il serait plus propre d'être circoncis : ce n'est pas vrai. Avoir une bonne hygiène, c'est se laver régulièrement tout ce qui peut l'être à l'eau et au savon. Il n'est pas plus légitime de couper le prépuce pour laver le gland que de sectionner les oreilles pour laver derrière.

– Être circoncis protégerait du sida : NON. En cas de relation sexuelle, une seule chose peut vous protéger de la contamination par le virus du sida : l'utilisation de préservatifs. Entretenir l'idée que la circoncision suffit est criminel.

Elle serait un moins

– Les garçons circoncis, dont le gland serait très sensible, éjaculeraient trop rapidement, leur partenaire n'aurait donc pas le temps de prendre du plaisir : faux également, l'expérience le prouve. Après une circoncision, la muqueuse du gland se transforme. En quelques jours, au contact de l'extérieur, elle prend la même texture que la peau et il semble bien que cela ne change pas vraiment les sensations.

Mille sept cents ans plus tard, Jésus, un jeune homme juif, fonde une nouvelle religion qui avec le temps, abandonne cette coutume de la circoncision. C'est pourquoi, aujourd'hui, les petits garçons catholiques ne sont pas circoncis. En revanche, lorsque six cents ans plus tard, Mahomet fonde à son tour la troisième grande religion monothéiste, également à partir de la religion juive, la tradition d'enlever un morceau de prépuce aux petits garçons est conservée.

Les parents qui font circoncire leur enfant ont la volonté et la conviction de bien faire. Les papas des petits garçons circoncis l'ont été également, ils en ont souvent perdu le souvenir et leur vie d'adulte n'en a pas été bouleversée. Alors, ils ne voient rien de choquant dans le fait de marquer ainsi le corps de leur enfant, de la même façon qu'on l'a fait pour eux. Pourtant, un nombre croissant de gens pensent différemment et souhaitent rompre avec cette tradition. Ils se posent des questions nouvelles : a-t-on vraiment le droit de couper un morceau du corps d'un enfant qui n'est pas en mesure de donner son avis? Qu'est-ce qui justifie qu'on lui impose une opération que sa santé n'exige pas? Le respect de la tradition religieuse est-il conciliable avec celui de la loi qui prône le respect de l'intégrité corporelle en vertu du fait que chacun a le droit de disposer comme il l'entend de son propre corps?

Un nouveau débat est à présent ouvert dans notre société à ce sujet.

Pourquoi parlons-nous toujours de sexe en blaguant, même les adultes?

Justement parce que c'est tabou et que pour ne pas être gêné on préfère plaisanter sur le sujet. Cette notion de tabou permet parfois à celui qui raconte la blague de choquer son interlocuteur et de s'en amuser.

C'est aussi une sorte de tradition dans notre pays; peu de banquets de mariages échappent aux blagues grivoises, d'un goût généralement douteux.

Mais, c'est surtout chez les jeunes que la « blague de cul » est le plus en vogue et ce n'est sans doute pas un hasard.
Quand vous riez de quelque chose qui vous fait peur, tout à coup cette chose vous paraît moins effrayante. S'en moquer désamorce les tensions, démontre que cela n'est pas si terrible.
Voilà par exemple une des bonnes raisons de tourner le sexe en dérision. Mais ce n'est pas la seule. La plaisanterie peut aussi être un excellent mode de communication pour dire sous une forme autorisée ce qui choquerait si on en parlait sérieusement. Car tout, ou presque, peut se dire lorsque cela prend la forme d'un jeu. Rire avec quelqu'un, c'est aussi partager des émotions, créer une certaine complicité. Cela rapproche. C'est finalement une sorte de langage codé que l'on utilise volontiers pour apprendre et retransmettre.
Mais, attention, la plaisanterie peut aussi être une arme et faire beaucoup de mal. Parce qu'elle déforme la réalité. Les blagues homophobes par exemple, dites avec ou sans méchanceté, peuvent transpercer comme des flèches quelqu'un qui a du mal à vivre son homosexualité. Les plaisanteries sur le sexe sont souvent lourdes et parfois dégradantes. Elles peuvent graver dans votre esprit l'idée que la sexualité est quelque chose de risible parce que c'est sale et que cela n'a pas de vraie valeur.
Finalement, ce qui pose problème n'est pas le fait de rire du sexe, au contraire, mais la façon dont on en rit.

...ET VOICI UNE BLAGUE DE BLONDES! ...
SORS-LUI LA BLAGUE DES P'TITS ZIZIS!

07

Connectez-vous sur :
www.lamartinierejeunesse.fr
www.lamartinieregroupe.fr

Conception graphique et réalisation : Rampazzo & Associés

ISBN : 978-2-7324-3476-6
Conforme à la loi n° 49-956 du 16 juillet 1949
sur les publications destinées à la jeunesse
Dépôt légal : octobre 2006
Imprimé en France par Pollina - L45688
Réimprimé en janvier 2008